SUPPLÉMENT

AUX CONSIDÉRATIONS

DE MALLET-DUPAN,

SUR LA RÉVOLUTION.

SUPPLÉMENT

AUX CONSIDÉRATIONS

DE MALLET-DUPAN,

SUR

LA RÉVOLUTION.

PAR P. CAZE.

> La révolution périra, car elle est un attentat sur les peuples encore plus que sur les gouvernemens; car elle est conjurée contre les droits des nations, beaucoup plus qu'en faveur des droits de l'homme. *Mallet-Dupan*, pag. 72.
>
> . . . . *Fragili quærens illidere dentem*
> *Offendet solido.* HOR. sat. 1. liv. II.

De l'Imprimerie de LAURENS, aîné, rue d'Argenteuil,
N°. 211.

AN TROISIÈME.

SUPPLÉMENT

AUX CONSIDÉRATIONS

DE MALLET-DUPAN,

SUR LA RÉVOLUTION.

SOUS un gouvernement libre, tout individu doit jouir du droit de faire part de ses idées et de ses jugemens. Si le but en est utile, tout le monde en profite; s'il est pernicieux, les bons citoyens prennent l'alarme, ils s'imposent l'obligation de le combattre, d'en prévenir ou d'en détruire les funestes effets. Pour eux cette obligation est sacrée. En négligeant de la remplir, ils laisseroient un instrument dangereux entre les mains du public, qui, toujours prêt à se laisser influencer par les passions des autres, finit bientôt par se les approprier, si le langage de la raison ne l'en empêche.

Parmi les brochures que l'on colporte journellement dans les rues de Paris, il en est une qui, par le nom de son auteur, a fixé plus particuliérement l'attention. Son titre seul annonçoit la continuation des diatribes de l'ancien rédacteur de la partie politique du Mercure de France. Quelques considérations nouvelles sur notre révolution serviront peut-être à diminuer l'action du venin que ce pamphlet renferme.

L'écrivain, dans son début, se présente sous les traits d'un homme mécontent, parce qu'il est humilié. Dans son courroux, il s'en prend à tout le monde. Il appelle la République française une fédération de crimes, puis il prétend que ceux qui en ont été les auteurs ont seuls montré de la conduite, un plan invariable, un système uniforme. Cet éloge forcé paroît être un trait lancé par son esprit satyrique contre l'Europe armée qui, dit-il, a perfectionné la révolution française, sans que le génie de ses cabinets, sans que cinq cents mille soldats valeureux et quatre-vingts vaisseaux de ligne, secourus d'une guerre intestine, aient pu lui porter atteinte.

Il indique ensuite les causes de la révolution, qu'il appelle républicaine, et ne balance pas de mettre en thèse que l'Assemblée nationale constituante, trois mois après sa formation, déroula aux yeux des observateurs le plan subséquent de cette révolution. Elle fit connoître, dit-il, par l'impunité des premiers excès, le dessein qu'elle avoit d'employer la calomnie et la violence, le meurtre et le vol, comme des moyens licites de conquérir la liberté.

Il suffit d'avoir lu rapidement l'ouvrage dont il est question, pour être persuadé que l'auteur, en le composant, n'avoit d'autre dessein en tête que celui de se livrer à sa mauvaise humeur; aussi n'y présente-t-il aucune observation utile. S'il avoit parlé des divisions excitées par l'orgueil et l'intérêt entre les représentans des deux premiers ordres, et les représentans du tiers-état; s'il avoit observé que ces divisions firent ouvrir les yeux à ces derniers, et leur apprirent qu'ils devoient bien se donner de garde d'oublier leurs commettans, puisqu'ils avoient en tête des adversaires si zélés pour défendre et pour maintenir les priviléges de la noblesse et du clergé; s'il avoit dit que l'opposition opiniâtre et passionnée de la minorité de l'Assemblée constituante, alluma les passions également irrascibles de la majorité, lui fit même quelquefois passer les bornes dans lesquelles elle se seroit renfermée sans cette opposition mal-adroite; si tout en improuvant l'émigration systématique qui, pour me servir de ses propres expressions, sépara le monarque de ses défenseurs, le royaume des royalistes, les propriétés des propriétaires, il avoit ajouté que les ennemis intérieurs communiquant sans cesse avec ceux de l'extérieur, faisant de coupables efforts pour avilir les autorités constituées, lançant des sarcasmes continuels contre des institutions politiques qu'ils vouloient avilir et qu'ils auroient dû respecter, s'apitoyant avec affectation sur le sort d'une cour toujours indécise et souvent de mauvaise foi, travaillerent d'une manière plus efficace encore à la révolution républicaine; son écrit seroit devenu peut-être un fragment pour l'histoire. Toutes ces causes et beaucoup d'autres de la même nature, bien précisées, bien développées, auroient au moins prouvé qu'il savoit être impartial. Mais comme il n'a fait qu'obéir à son ancien délire, comme, au lieu d'attribuer la plus grande partie des malheurs de la France à la mal-adresse des ennemis de la révolution, il en rejette presque tout l'odieux sur les hommes qui travaillèrent à la rendre utile à leur pays, on s'apperçoit aisément que la prévention seule a dirigé sa plume. Cependant, si l'auteur ne rend justice à personne, il faut avouer qu'il se la rend à lui-même.

En parlant de la résolution qu'il vient de prendre de publier ses considérations, il dit qu'il les abandonne au vent. Il y a lieu de croire en effet que le vent les emportera bientôt.

Qu'elle est étrange cette prévention qui fait attribuer à l'Assemblée constituante la connoissance préexistante du plan de la révolution républicaine ! quoi ! c'est parce que son pouvoir ne réprima pas les premiers excès de la fureur populaire qu'on l'en accuse. Mais falloit-il punir ceux qui ne s'étoient armés que pour prendre sa défense ? ne savoit-elle pas, cette Assemblée, que sa perte avoit été jurée, et qu'on se proposoit d'employer la violence pour opérer sa dissolution ? Si quelques membres conçurent ou mirent au jour des idées démocratiques, vers la fin de sa durée, ce ne fut que, lorsque avertis par les événemens, ils se crurent assurés de la constante, de l'incorrigible perfidie de la cour. Cependant la très-grande majorité, ferme dans ses principes, imposa silence à ceux dont les opinions anti-monarchiques contrarioient les siennes. Elle avoit su se rendre compte de la grande différence qu'il y avoit entre des mœurs républicaines et celles qui prévaloient alors en France. Les Français amollis par le luxe et les plaisirs, étrangers à l'habitude des périls et des sacrifices, dénués de toute espece d'énergie et de tenue dans le caractère, ne possédoient aucune des vertus nécessaires à l'établissement, à l'affermissement d'une republique. Louis XVI et ses conseillers, au lieu de perdre la tête comme ils le firent alors, auroient dû tirer parti d'un état de choses si fort à leur avantage. En cédant d'une manière uniforme, franche et loyale, à l'impulsion de la multitude; en devançant, pour ainsi dire, l'opinion publique, ils se seroient popularisés, le torrent au lieu de devenir violent de plus en plus en raison des efforts qu'ils firent pour l'arrêter, se seroit affoibli de lui-même. Une pareille conduite de leur part auroit prévenu bien des malheurs.

Après s'être déchaîné contre l'Assemblée constituante, l'ancien rédacteur du Mercure déclame avec plus de violence encore contre leur ouvrage, qu'il appelle une anarchie mal organisée. Cet homme qui parla toujours avec tant de mépris des conceptions étrangères aux siennes, s'est-il flatté de faire croire sur sa parole que les comités de cette assemblée, composés des meilleures têtes de la France entière, n'ont employé pendant deux années consécutives leurs méditations et leurs veilles qu'à l'organisation de l'anarchie? Ah! si l'on veut en connoître les auteurs, il faut bien plutôt jetter les yeux sur ces êtres remplis de vanité, qui trop petits pour faire le sacrifice de leurs idées systématiques, sont parvenus à dégoûter le peuple français d'une constitution qui se seroit perfectionnée sans doute, si tous les gens éclairés s'étoient donné la main pour la soutenir comme elle devoit l'être. Oui, les vrais auteurs de l'anarchie sont ceux qui ont tout fait pour décrier, pour ridiculiser, pour avilir cette constitution sanctionnée d'abord par l'opinion publique, qui en attaquant les intentions de ses plus fermes défenseurs, ont eu l'art de les diviser entr'eux, qui par la multiplicité, l'opposition de leurs plans divers, ont fait naître un nombre prodigieux de sectes politiques, ont encouragé les principaux pouvoirs à renverser les limites qui leur avoient été assignées, ont les premiers arboré contr'eux l'étendard de la révolte, favorisant ainsi les projets des ambitieux qui, de leur côté, toujours occupés à rendre l'opinion du peuple flottante et incertaine, se sont prévalus de ces disputes interminables, et forts de l'affoiblissement de ceux qui pouvoient mettre obstacle à leurs desseins, ont audacieusement levé le masque, sont parvenus à la tyrannie après avoir tout renversé.

L'auteur en parlant de ces derniers, dont la

faction, dit-il, glissa ses poisons et posa ses leviers à côté de ceux qui ébranloient la monarchie, leur applique ces deux vers de Milton :

(1) Our labour must be to pervert that end,
And of good still to find means of evil.

Il auroit également prouvé la justesse de son jugement, s'il les avoit appliqués à ceux qui, comme nous venons de le dire, les ont si bien servis dans leurs projets. L'allusion seroit devenue plus piquante encore, par l'addition de ces autres vers du même poëte.

(2) . . . . . Mean while war arose
And fields were fought in heav'n; wherein remain'd
(For what could else ?) to our almighty foe
Clear victory, to our part loss and rout
Through all the empyréan : down they fell
Driv'n headlong from the pitch of heav'n, down
Into this deep, and in the gen'ral fall
I also.

Quoi qu'il en soit, la révolution républicaine s'est opérée d'une maniere tellement subite, que

---

(1) Travaillons à pervertir le plan que l'on médite, servons-nous du bien qu'il renferme pour en corrompre les effets.

(2) Cependant la guerre vint, on combattit dans les cieux. Notre ennemi tout puissant remporta, comme il le devoit, une victoire complette, et les défenseurs de notre parti, ruinés, mis en déroute, fuyant à travers l'empyrée, précipités enfin du plus haut des cieux, tombèrent tous dans cet abyme. J'y fus plongé moi-même.

si la France a pu résister à l'ébranlement qu'elle en a ressenti, c'est à des causes que nous développerons tout-à-l'heure qu'elle en est redevable. A Dieu ne plaise qu'en nous exprimant de la sorte, nous ayons en vue de critiquer le décret de la Convention nationale qui détruisit la royauté. Ce décret étoit nécessaire. Le prodigieux avilissement du dernier de nos rois, tant de réclamations faites alors en sens contraire, pour ou contre l'autorité royale, l'excès du mécontentement du peuple fatigué d'être la dupe des dissentions qui s'élevoient journellement entre la cour et l'assemblée représentative, les progrès de deux puissances formidables qui, pour être réprimés, exigeoient des mesures dont l'exécution ne pût pas être entravée, tout, en un mot, rendoit ce décret indispensable. Il restoit malheureusement une réforme bien plus difficile : celle du caractère national. Ce changement ne pouvoit s'effectuer sans un renversement général dans les habitudes. Quelque périlleuses que fussent les mines qui devoient opérer ce bouleversement, on osa pourtant les mettre en œuvre ; Leur effet fut terrible, et les ruines écrasèrent, anéantirent ceux qui voulurent y mettre le feu. C'est à la postérité qu'il appartient de prononcer sur leur conduite. Quant à l'auteur des considérations sur la révolution française, il anticipe ce jugement. Il se déclare avec une égale animosité contre les partisans de Brissot, et contre ceux de Marat. Il n'établit qu'une très-légère nuance pour les distinguer. Selon lui, Brissot et les girondins eurent l'habileté de couvrir leur conduite de formes plus décentes. Ils eurent plus de politique, les Maratistes plus d'audace, ceux-ci se baignèrent dans le sang tête levée; ceux-là le répandirent goutte à goutte, le voile sur les mains, le masque sur le visage, et la morale dans la bouche.

Mais parce que la France s'est vue en proie à des factions criminelles, convenoit-il de donner les dénominations les plus injurieuses à des hommes qui, célèbres par leurs talens (1), ont eu la sagesse de se préserver de la rage et de la fureur des partis, assez prévoyans pour juger qu'un jour viendroit où la France seroit en état de profiter de leurs lumières? Falloit-il, d'une manière empoulée, dire à l'univers qu'il est tems de préparer en France le tombeau de la société, parce que les Français ont été contraints pendant quelque tems de tenir leur tête baissée sous le glaive sanguinaire, et parce que

(1) L'abbé Syeyes.

les torches de la guerre civile, allumées par l'indignation qu'excitoit le spectacle de la barbarie, se sont agitées sous leurs regards? falloit-il parce que quelques tyrans scélérats ont mis tout en usage pour organiser sur la terre le crime qu'ils avoient dans le cœur, falloit-il parce que quelques bandits salariés par eux ont joui pendant quelques instans du droit d'exercer un affreux brigandage, parce qu'ils se sont disséminés sur notre territoire pour y prêcher leur détestable doctrine, et parce que le peuple dont ils flattoient les passions s'est d'abord laissé séduire par leur impudent langage, falloit-il, par la plus noire des calomnies contre la Convention nationale toute entière, avancer que les représentans qui la composent ne sont autre chose que les représentans de l'armée, n'ayant d'autre fonction que celle de voler d'une main, et de partager de l'autre leurs vols avec les soldats? falloit-il parce que ces guerriers intrépides, irrités de l'attaque simultanée de toute l'Europe, se sont précipités avec rage sur le territoire de leurs ennemis battus de toutes parts, parce qu'ils se sont fait une telle habitude de la victoire, que tout désormais paroît leur être possible, falloit-il se rendre l'écho de nos vils oppresseurs, répéter après eux que la France est destinée à n'avoir plus que des socs et des bayonettes, que chaque sans-culotte militant doit avoir un droit à la distribution des terres et du butin, et que de l'intérieur conquis et ravagé, les Français, comme des sauvages féroces, passeront chez leurs voisins, les désoleront impunément de leurs fréquentes incursions?

Quel doit être le sort de ces prédictions sinistres? L'évènement les a déjà classées parmi les déclamations de nos visionnaires détracteurs, dont le langage ridicule fatigue enfin l'Europe entière. Comme ils ont bien mérité, les perfides, le mépris qui les attend! l'illusion malheureuse qu'ils avoient fait naître se dissipe. Les peuples indignés de s'être laissé tromper par leurs phrases insensées, verront bientôt en eux des êtres dont le cœur est plus méchant encore que celui des tyrans, du joug honteux desquels nous venons d'affranchir nos têtes. En effet, avec quel plaisir féroce n'ont-ils pas envisagé, les cruels, le spectacle horrible de tant de meurtres, de tant de proscriptions et de la guerre civile? Quels moyens n'ont-ils pas employés pour perpétuer parmi nous ces abominables fléaux qu'ils avoient eux-mêmes fait naître? Avec quel joie ironique et insultante ils se sont attachés à représenter la nation française comme une nation de cannibales altérés de sang!

Aujourd'hui que les orages qui troubloient notre horison politique n'existent plus, aujourd'hui que les noirs élémens qui les formoient ont été dissipés, aujourd'hui qu'au grand étonnement de l'univers, le vaisseau de l'Etat victorieux de tous les obstacles, arrive enfin sur les aîles de la gloire au terme de sa course, le souffle impur de la haine soulevera-t-il encore contre lui les vents et les tempêtes ? L'éclatante punition des tyrans oppresseurs de la France ne permet plus, il est vrai, d'attribuer à la masse entière de ses habitans les crimes qu'ils ont vu commettre; mais privée de cette arme dont elle a su faire un si perfide usage, la haine a recours à ses anciennes calomnies. Ses pinceaux mensongers peignent la nation française comme étant toujours dominée par des innovateurs dangereux, dont le systême réformateur embrasse toutes les institutions de l'Europe. A l'entendre, les bases de toute civilisation sont attaquées, on médite la ruine de toutes les monarchies existantes.

Les Français, jusqu'à ce jour ont gardé le silence sur ces calomnies tant de fois répétées contre eux. Ce n'est pas sans raison qu'ils en ont agi de la sorte. Attaqués de toutes parts, ils auroient paru se défier de leurs forces, et craindre l'issue de la guerre terrible qu'ils avoient à soutenir, s'ils avoient mis trop d'empressement à faire leur apologie. Le tems est venu de l'entreprendre. La contenance fière et imposante qu'ils ont su prendre, la multiplicité de leurs conquêtes doivent empêcher les peuples de se méprendre, en attendant leur justification, sur les motifs qui l'ont dictée.

L'argument victorieux qui renverse le monstrueux amas de déclamations dirigées contre la France, tient à la solution d'un problême politique ; l'Europe a connu les causes de notre révolution, elle a dû comprendre comment le système d'oppression établi d'un côté, a fait naître de l'autre celui de la résistance, elle a dû comprendre pourquoi les efforts du Peuple ont toujours été d'autant plus impétueux qu'on a voulu les comprimer davantage ; mais ce qu'elle n'a pas compris, c'est qu'une nation aussi grande, divisée d'abord en cent partis différens, se soit enfin réunie de manière à n'avoir plus qu'une seule et même opinion, qu'un seul et même but.

Attribuera-t-on ce fait surprenant aux nombreuses persécutions que les différens partis ont tour-à-tour éprouvées depuis l'établissement de la République ? Mais à quelque époque de l'histoire qu'on veuille se rapporter, il sera facile de se convaincre que la force n'a jamais rien

rien valu pour extirper des idées contraires aux idées généralement reçues; elle a toujours fait prendre à leurs partisans un caractère d'opiniâtreté qu'ils n'auroient jamais acquis, si l'on avoit eu la sage précaution de ne pas leur donner trop d'importance.

Comment donc expliquer ce soudain, cet unanime accord d'un peuple dont les différens individus se sont pendant quelques années si fortement prononcés contre toute espèce d'harmonie? voilà le problême politique qu'il faut résoudre: on ne sauroit en trouver la solution, sans concevoir que des hommes réunis en société ont à parcourir successivement tous les points d'un grand cercle, avant d'arriver au point de perfection qu'ils ont en vue. Dans cette marche progressive, on les voit d'abord s'éloigner de plus en plus de l'état de nature d'où ils sont partis, pour s'en rapprocher ensuite par degrés, en proportion de leur avancement vers la civilisation parfaite.

Cette carrière est longue. Les Grecs et les Romains sont les seuls peuples de l'antiquité qui l'aient fournie toute entière. Avant toutes les nations de l'Europe moderne, la nation française l'avoit parcourue à son tour; la culture de toutes les sciences et de tous les arts, lui

assuroit depuis bien des années la possession des avantages les plus précieux de la société; c'étoit à juste titre que le peuple français avoit acquis la réputation du peuple le plus policé de toute la terre.

Sous ce rapport il étoit devenu l'objet des méditations du philosophe. La chûte des Grecs et des Romains faisoit craindre à l'observateur que les Français amollis comme ces deux peuples par l'excès du goût et du rafinement, ne fussent sur le point d'éprouver à leur tour quelque grande catastrophe qui peut-être entraîneroit également leur ruine.

Le philosophe avoit pourtant senti qu'il existoit une circonstance particulière qui préserveroit peut-être les Français d'une pareille destinée ; il avoit réfléchi sur la manière dont la Grèce et l'Italie étoient devenues le théâtre de tous les baux arts réunis ; il avoit observé que les habitans de ces deux pays fameux, prirent la liberté pour guide, dès le premier pas qu'ils firent vers la civilisation. La liberté seule pouvoit leur fournir les découvertes qu'ils ont transmis à cet égard à la postérité.

Les Français au contraire, au lieu de s'ouvrir une route nouvelle, étoient parvenus paisîblement et sans violence, au même degré de rafinement et de délicatesse. L'esclavage avoit retenu leur génie, tous leurs efforts s'étoient bornés à se traîner lentement sur les traces des Grecs et des Romains, pour arriver à peu-près au même but.

Ce fut sur ces observations que le philosophe établit son espoir. Il jugea que la France au lieu d'être destinée comme la Grèce et l'Italie à dégénérer, pouvoit prendre au contraire un nouvel essor. Il crut que le peuple français devoit travailler à l'amélioration de l'homme sur la terre, qu'il devoit aspirer à des perfections jusqu'alors inconnues ; il apperçut enfin que nous étions appellés à recommencer le cercle progressif de l'art social, non pas pour suivre les traces de notre ancienne marche, non pas pour avancer dans cette nouvelle carrière à l'exemple d'un peuple nouveau, mais pour la parcourir comme des hommes, qui, justes appréciateurs des bienfaits de la société, veulent les rendre plus utiles et plus précieux encore en les combinant avec les loix de la nature, dont ils vont faire un examen scrupuleux et réfléchi.

Il falloit une impulsion bien forte pour déterminer le peuple françois à se jetter dans une route tout-à-fait inconnue. La liberté qui, semblable à tous les êtres de la nature, languit dans sa vieillesse, mais dont la naissance est toujours accompagnée des plus grands miracles, pouvoit seule, en paroissant en France pour la première fois, donner à ses habitans cette violente impulsion. Ils étoient au reste bien propres à la recevoir. L'époque du rafinement de la société chez les Grecs et les Romains, fut celle de leur épuisement; les forces autrefois si redoutables de ces deux peuples parurent alors anéanties; la nation française nourrissoit au contraire à la même époque une vigueur secrète dont elle n'avoit jamais fait usage, et qui n'avoit besoin que d'une occasion favorable pour se manifester.

Les constantes prières que la philosophie française adressoit depuis bien des années à la liberté, n'ont pas été infructueuses. Cette puissante réformatrice plane enfin sur notre territoire. Des obstacles innombrables se sont élevés sur son passage, mais elle a combattu, son bras triomphant a tout renversé, son souffle, en exaltant les esprits de ses vrais partisans, a glacé le courage de ses adversaires. En dépit de toutes les puissances liguées, l'Europe a vu disparoître de son sein le gouvernement qui la déshonoroit. Ce gouvernement, le plus coupable de ceux qui ont paru sur la surface de la terre ; ce gouvernement qui, par sa morale impure, infectoit tous les autres ; ce gouvernement qui propageoit et perpétuoit la contagion des vices et de la mauvaise foi, détruit jusques dans ses derniers fondemens, a subi la peine depuis long-tems due à ses crimes, et l'univers n'aura plus à gémir de sa turbulente ambition.

Mais cette liberté, si vivement accueillie, n'est-elle pas destinée à rencontrer en France le sort qu'on l'a vue éprouver en Angleterre ? Les partis ne se réveilleront-ils pas ? Ne nous verrons-nous pas exposés encore à toutes leurs fureurs ? Non : jamais. A l'époque de la mort de Charles premier, les Anglais avoient fait, il est vrai, bien des pas dans la carrière sociale qu'ils avoient à parcourir, mais ils étoient encore trop éloignés de son dernier terme. Ils n'avoient pas acquis cette étendue de vues, cette justesse générale dans les idées, cette perspicacité devant laquelle les préjugés s'évanouissent comme de vains phantômes, cette disposition à l'harmonie qui naît de l'habitude de l'ordre ; ils n'avoient pas enfin toutes ces nuances heureuses que la civilisation parfaite est seule capable de donner. C'est en vertu de tous ces avantages qui préparèrent notre révolution glorieuse, qu'on nous a vu fondre en une seule toutes les opinions opposées qui nous divisoient, et par là tromper à jamais l'attente de nos aveugles ennemis.

Il est vrai que les efforts de ceux-ci, pour nous précipiter dans l'abyme, nous ont fait déployer une énergie que nous n'aurions jamais fait éclater sans eux. Mais il est également vrai de dire que même sans cette résistance injuste à leurs desseins, les Français seroient demeurés libres. Les Anglais au contraire devoient retomber dans l'esclavage bientôt après l'établissement de leur république. Ils n'avoient pas encore eu le tems de se bien pénétrer des avantages de cette liberté qu'ils vouloient établir; ou s'ils les avoient entrevus, les moyens d'en profiter n'étoient pas encore à leur portée. Quand même l'Europe entière se fût liguée contre leur indépendance, quand même ils eussent acquis la gloire immortelle d'en triompher, le rétablissement de la puissance royale auroit également eu lieu dans leur isle.

Mais quoi! c'est lorsque les Français ont fait sur l'autel de la Patrie le sacrifice de leurs passions, de leurs opinions particulières, qu'on ose les accuser d'avoir un système désorganisateur!

Peuples que l'on abuse, pourquoi vos institutions sociales vous sont-elles si chères? Ah! sans doute votre attachement prend sa source dans la jouissance des avantages qu'elles vous procurent. Seroit-il donc possible que la grande nation chez laquelle ces institutions plus multipliées ont dû produire des avantages plus nombreux, se fût tout-à-coup déterminée à renoncer à leurs bienfaits? Croyez plutôt, croyez qu'un peuple immense ne passe pas, dans le court intervalle de cinq ou six années, du plus haut dégré de civilisation, au comble de l'ignorance et de la barbarie. Nous avons entrepris de rebâtir à grands frais un superbe édifice. Les décombres d'un côté, les matériaux de l'autre, présentent d'abord l'image du désordre et de la confusion; mais cessez de troubler les ouvriers dans leurs travaux, et vous verrez bientôt sortir de leurs mains un monument digne de l'admiration de tous les siècles.

Et ce n'est pas seulement sous le rapport d'une nation qui veut tout détruire, qu'on nous représente à vos yeux, peuples indignement trompés! On nous accuse encore de vouloir tout envahir. Oh! que la haine est habile à tout défigurer pour arriver à ses fins criminelles! Sans doute on vit autrefois la liberté faire naître chez des peuples nouveaux le desir et l'amour des conquêtes; cet effet n'avoit rien que de très-naturel. Lorsque les Grecs et les Romains établirent leur indépendance, ils n'étoient pas encore tout-à-fait sortis de cet état de barbarie dans lequel l'homme, dénué des motifs propres à lui faire aimer le repos, a besoin de s'agiter sans cesse. La liberté ne pouvoit manquer de donner un nouveau développement à cette disposition; aussi s'engagèrent-ils dans des guerres continuelles.

Mais lorsque, par une longue expérience, les Français sont parvenus à se bien pénétrer des douceurs de la paix, lorsqu'ils ont senti que l'industrie, cette bienfaitrice du genre humain, est incompatible avec les agitations de la guerre, peut-on leur attribuer de bonne foi le coupable dessein de perpétuer en Europe un semblable fléau? Ah! qu'on n'affecte plus de faire naître des ombrages sur nos vues pacifiques. La guerre une fois terminée, l'agriculture, le commerce, les sciences et les arts ne suffiront-ils pas pour occuper le génie inventif qui nous est propre?

Et vous aussi, pouvoirs monarchiques de l'Europe, vous qui ligués contre notre indépendance nous combattez avec fureur, délivrez vos esprits des préventions qui vous aveuglent sur notre compte. Vous nous regardez comme vos plus cruels ennemis, nous voulons, dites-vous, saper les fondemens de votre autorité légitime. Cette erreur funeste a fait assez de mal, hâtez-vous de la reconnoître, hâtez-vous de la réparer. Oublions de part et d'autre quelques prétentions passagères et ridicules. Les nôtres ont excité votre ressentiment; elles ne devoient néanmoins leur origine qu'à celles que vous affectâtes d'avoir bien avant la formation de la ligue qui vous a réunis contre nous. Vous formâtes alors le dessein d'enlever aux représentans du peuple français la confiance nationale qu'ils avoient obtenue, vous attaquâtes l'autorité dont ils étoient revêtus, ceux-ci crurent devoir réagir contre vous en attaquant la vôtre.

Tant que nous nous sommes vus forcés d'opposer aux agressions de toute espèce des moyens de défense plus audacieux que persuasifs, nous l'avons fait. A présent que le sort des armes nous favorise, le raisonnement doit se faire entendre.

Depuis bien des années la France exerce sur les différens Etats de l'Europe une influence considérable. L'étendue de son territoire, le grand nombre de ses habitans, la connoissance généralement répandue du langage qui leur est propre, voilà les causes qui lui ont procuré cette influence et qui la lui promettent encore à l'avenir. Lorsque la perfidie et les vices de tout genre étoient les principaux mobiles du gouvernement français, tous les autres gouvernemens de l'Europe devoient, en vertu de cette influence, se prononcer de la même manière. Aussi le faisoient-ils, et d'autant plus volontiers que ceux qui s'y trouvoient à la tête des affaires ayant habituellement à traiter avec la France, sentoient l'impossibilité d'opposer la franchise et la droiture à la corruption reconnue de son cabinet. De-là cet esprit d'intrigue qui prévaloit dans toutes les cours de l'Europe; de-là cette habitude de ne vouloir jamais arriver à un but quelconque, sans prendre les chemins détournés du mensonge et de la fourberie; de-là cet usage enfin de n'employer dans les négociations importantes que les hommes qui, sous le masque de la sincérité, savoient le mieux déguiser leurs intentions secrètes.

Tels ont été pendant long-tems les tristes effets de l'influence que notre pays exerçoit en Europe. Mais autant les vices de notre gouvernement ancien la rendoient pernicieuse cette influence, autant les principes de notre gouvernement actuel la rendront utile et bienfaisante.

Quels sont-ils ces principes? Si nos ennemis ne s'obstinoient pas à fermer les yeux, ils pourroient les reconnoître. Ils nous verroient, amis constans de la justice, réparer autant qu'il est en notre pouvoir les malheurs occasionnés par les mouvemens convulsifs qui nous ont agités; ils nous verroient, francs et sincères avec les peuples qui traitent avec nous, mériter leur attachement, leur confiance et leurs éloges; ils nous verroient, protecteurs des talens, employer nos efforts à les rechercher, à les encourager, à les faire naître; ils nous verroient plus humains qu'ambitieux, travailler à l'amélioration de tous les systêmes de gouvernement, sans prétendre suggérer aux peuples celui qu'ils doivent adopter pour être heureux; ils nous verroient enfin, prenant la loyauté, la probité pour bases de nos nouvelles loix, borner tous nos desirs à faire disparoître la corruption que le souffle contagieux de notre ancienne cour avoit fait naître. Eh! quelle plus belle tâche pourrions-nous entreprendre? La France donna jadis l'exemple de la perversité, c'est à la France réformée qu'il appartient de rappeler sous les drapeaux de la droiture et de la morale, les nations qui ne s'en étoient écartées que pour suivre son exemple.

Nous venons de démontrer ici que l'influence future du gouvernement français doit opérer en Europe le retour de la bonne-foi; cependant on s'efforce ailleurs de faire naître des craintes sur cette influence là même. N'est-il pas évident, dit-on, que les maximes du peuple français se propageront avec la plus grande promptitude? Il faut donc prévenir la force qu'elles pourroient avoir sur les autres peuples, en les combattant dès leur naissance, en les empêchant de s'établir s'il est possible. Qu'ils combinent mal les évènemens ceux qui raisonnent de la sorte! Ne pourroit-on pas entreprendre de leur faire voir que l'établissement de la République française raffermira, bien loin de les détruire, les bases sur lesquelles repose l'autorité de toutes les puissances monarchiques?

Il y a dans l'homme une inquiétude naturelle qui lui faisant dédaigner ce qu'il possède, dirige tous ses desirs vers les prétendus biens qu'il n'a pas. Lorsque la monarchie française existoit, tous les princes de l'Europe avoient constamment les yeux fixés sur elle. L'éclat dont nos rois étoient environnés, l'étendue et la richesse de leurs domaines, la puissance arbitraire dont ils avoient si bien su se rendre maîtres, ne pouvoient manquer de leur attirer l'attention de tous les autres potentats. Quand ceux-ci reportoient ensuite leurs regards sur eux-mêmes, leur ambition se sentoit humiliée, elle s'irritoit à la vue d'une puissance aussi supérieure.

Qu'arrivoit-il alors? Suivant la tournure d'esprit plus ou moins vicieuse de ces différens princes, leurs sujets devenoient plus ou moins malheureux. Si les hasards de la guerre avoient pour eux quelques attraits, ils se livroient à des projets de conquête, et ils en poursuivoient l'exécution avec d'autant plus d'ardeur, que ces projets sembloient leur promettre davantage de les faire rivaliser un jour avec la puissance et la majesté de nos rois. Ils s'avançoient ainsi brusquement vers la tyrannie, et leurs sujets affoiblis par leurs pertes, hors d'état de s'opposer à leurs injustes entreprises, soupiroient dans le silence après l'évènement heureux qui pourroit les soustraire à une pareille oppression.

Si, comme il arrivoit plus souvent, la nature, au lieu de donner à ces princes un caractère belliqueux, les avoit disposés à la vanité, à l'ostentation ; le spectacle du luxe insolent de la cour la plus brillante de l'univers, donnoit à ces défauts la violence des passions les plus dangereuses. Les peuples gémissant sous des exactions de tout genre, languissoient bientôt dans la misère ; c'est ainsi que tous les vices concentrés dans l'ancien gouvernement monarchique de la France, acquéroient dans les cours de l'Europe le développement le plus funeste.

Mais à présent qu'il n'existe plus ce faste magique dont les yeux des différens souverains étoient éblouis, les peuples n'auront plus à redouter de semblables excès. Les rois ne sentiront plus renaître cette émulation dangereuse dont les nations, sans le savoir, ont eu tant à souffrir. Lorsque désormais les princes de l'Europe jetteront leurs regards sur la France, lorsqu'ils y verront la simplicité au lieu de la magnificence, la droiture au lieu de la perfidie, la justice au lieu de l'oppression, le règne du vice disparoîtra sans doute. Les rois, étonnés des heureux effets de ce changement, organiseront la vertu sous des formes monarchiques, et son existence n'en sera pas moins réelle.

Dès-lors toutes les nations sentiront moins le joug qui pèse sur leurs têtes. Les souverains moins jaloux de leur autorité, n'auront plus recours à des mesures violentes pour la conserver; la confiance s'établira, les entreprises réactives des gouverneurs et des gouvernés, entreprises toujours nuisibles à l'intérêt public, n'auront plus lieu; de cette franchise réciproque entre le Prince et le Peuple, on verra naître la bonne foi dans les traités, les nations n'auront plus en fraternisant les formes soupçonneuses de la défiance, la société deviendra plus parfaite, le genre humain plus heureux, et ce grand changement sera dû en première analyse à la régénération de la France, à la destruction de son gouvernement perfide, et à l'établissement de celui que la raison lui prescrivoit d'adopter.

Quand l'expérience nous aura donné la conviction que ces heureux résultats sont les seuls auxquels nous aspirons, qu'ils seront étonnés ceux qui nous font la guerre, de voir que tant de sang versé, tant de trésors dissipés, tant de malheurs accumulés par eux sur l'Europe entière, n'ont eu réellement d'autre objet que de retarder l'exécution d'un aussi beau système !

Qu'ils cessent donc enfin leurs vociférations cruelles, ces calomniateurs perfides, qui prétendent que nous méditons la ruine de tous les gouvernemens. Les ambitieux ! ils connoissent bien la fausseté de ce qu'ils avancent, ils savent bien que les rois en réduisant eux-mêmes leurs pouvoirs dans les bornes d'une autorité raisonnable, seront amplement dédommagés du sacrifice de l'arbitraire par l'amour et la confiance des peuples, mais ils savent aussi qu'ils ne pourront plus alors tirer un aussi grand parti de leur habileté dans l'art de l'intrigue; voilà ce qui les désespère, c'est pour cela qu'ils font verser à grands flots le sang des Peuples. Abuseront-ils encore longtems de leur crédulité ?

Puisse l'Europe ouvrir enfin les yeux sur ce que son intérêt lui commande! puisse-t-elle se décider à terminer bientôt la lutte qui nous divise! Que gagneroit-elle à nous faire plus longtems la guerre? se flatteroit-elle encore de pouvoir retablir la royauté parmi nous? Au lieu de s'obstiner à l'exécution d'un projet aussi chimérique, qu'elle ait égard, dans ses combinaisons politiques, à l'effet qu'ont produit sur notre caractère les malheurs que nous avons soufferts. Nos mœurs ne sont plus les mêmes, nos habitudes ont changé, les formes d'un gouvernement républicain sont les seules qui puissent désormais s'adapter à notre nouvelle manière d'être.

La guerre, en appelant la jeunesse française à la défense de son propre territoire, vient de lui faire acquérir cette mâle vigueur dont elle avoit besoin. La frivolité, la légèreté, l'inconséquence qui dégradoient son caractère, en ont disparu pour faire place à cette activité bouillante, à cette habitude de mépriser les dangers, qui donne de l'élévation à l'ame, et qui dispose l'homme à ne pas balancer dans le choix d'une mort glorieuse ou d'une servitude abjecte. Tout être dans la nature chérit son propre ouvrage. La part honorable que nos jeunes défenseurs ont prise à la révolution, est un sûr garant de l'intérêt l'intérêt qu'ils y prendront encore à l'avenir. Ils ne souffriront pas qu'un nouvel esclavage soit le prix de tant de sacrifices qu'ils ont faits à la liberté, de tant de travaux qu'ils ont endurés pour elle. Jamais on ne les fera consentir à ce que l'amour de la patrie, à ce que le germe de toutes les vertus républicaines qu'ils ont déjà senti se développer dans leur cœur, y soient étouffés dès leur naissance, malgré tous leurs efforts pour les y conserver.

La République française compte sur leur énergie; elle est en droit de le faire. Ceux qui, retenus dans leurs foyers, n'ont pas été verser leur sang sur les frontières, lui promettent aussi de bien puissans secours. Aujourd'hui les zélés partisans de l'ordre ne sont plus heurtés dans leur marche rapide par la masse inerte de ces êtres passifs qui, déterminés à vivre dans l'indifférence, quelque chose qui dût leur en coûter, ne vouloient prendre aucune part aux grands évènemens qui se passoient sous leurs yeux. L'infortune, en leur faisant connoître les dangers de cette apathie, a retrempé leurs ames, et les a rendues susceptibles de se laisser aller à des sentimens nobles et généreux. Si nous voyons végéter encore çà et là quelques froids égoïstes dont la vue fatigue nos regards, le mépris qu'ils inspirent doit nous faire espérer que leur nombre au lieu d'aller en croissant, ne fera que diminuer chaque jour de plus en plus.

Enfin la révolution, si terrible en ses effets, a su réformer la classe la plus contraire, par ses mœurs, à l'existence de la République. Ils se sont corrigés ces hommes de délices qui, sans cesse dans les bras du repos et de la volupté, refusoient opiniâtrement d'employer leurs mains efféminées à combattre les audacieux perturbateurs de la tranquillité publique. Dans la crainte de troubler le cours de leurs plaisirs, dans la crainte d'en altérer la douceur, ils avoient soin de fermer leur ame à tout ce qu'ils prévoyoient pouvoir y porter quelque atteinte désagréable. Le ridicule qu'on a jeté sur leur caractère, les rigueurs qu'ils ont souffertes pendant quinze mois, leur ont démontré la nécessité d'abandonner leurs molles et dangereuses habitudes, ou du moins de ne plus se laisser dominer par elles. La vigueur qui convenoit à leur âge s'est développée, on les voit aujourd'hui faire courageusement un rempart de leur corps à la Convention nationale qu'ils respectent, déterminés à réprimer l'insolence de tous ceux qui voudroient l'opprimer encore, pour asservir ensuite la France entière, et pour la replonger dans l'abyme d'où son génie protecteur a su la retirer.

Mais que dis-je ? la France renferme-t-elle encore de pareils ennemis de sa prospérité? signale-t-elle encore quelques-uns de ces agitateurs qui, pleins de mépris pour le peuple, se faisoient un jeu cruel d'enflammer ses passions, d'abuser de son ignorance pour le porter aux excès les plus criminels? S'il est vrai qu'il en existe, ils ne sont pas redoutables. Êtres rampans et parasytes, depuis qu'ils ont perdu l'appui de ceux à l'ombre desquels on les voyoit lever un front menaçant, leur tête flétrie et desséchée languit honteusement dans la fange d'où jamais elle n'auroit dû sortir. C'est en vain qu'ils s'allongent pour trouver encore quelques nouveaux soutiens, ils n'en rencontreront plus. La France s'est heureusement délivrée de tous les grands scélérats qui pesoient sur son territoire : le volcan de la révolution les a rejettés de son sein par des erruptions fréquentes.

Le peuple abusé trop long-tems, distingue enfin ses vrais amis. Quelque déguisement qu'on prenne pour lui nuire, il sait le reconnoître. En garde contre le systême abominable de la terreur, il l'est également contre les menées de ceux qui voudroient le courber de nouveau sous un joug auquel il ne veut plus, il ne peut plus s'accoutumer. Que les partisans de la monarchie expriment avec affectation leurs alarmes sur les progrès de la misère publique, le peuple qui sait souffrir, et qui, par sa patience, donne une grande preuve de la fermeté de son caractère, saura bien résister à tous leurs faux raisonnemens, à leurs promesses séduisantes, mais trompeuses. Que promettent-ils en effet? L'abondance et le bonheur, si les Français se déterminoient à demander un roi. Comme il seroit facile de démontrer le peu de confiance que méritent ces vaines paroles! Mais par-là nous nous écarterions de notre plan; bornons-nous donc à réfuter le plus spécieux de tous les argumens dont ils font usage en faveur du rétablissement de la monarchie.

Est-elle faite, disent-ils, pour vivre sous des loix démocratiques, la nation qui, dès-lors qu'elle n'a plus de maître, se jette dans les bras du premier qui veut le devenir, consent à lui laisser prendre une autorité absolue, applaudit aux injustices qu'il commet, aux flots de sang qu'il fait couler, et ne met pas plus de bornes à son obéissance, que le despote à ses caprices cruels? Un pareil peuple refuseroit-il de se soumettre à un monarque dont les volontés dictées par l'intérêt général n'exigeroient de lui qu'une soumission facile et raisonnable?

Cette conséquence que l'on tire des cruautés de Robespierre, paroîtra d'abord d'autant plus naturelle, qu'elle semble obtenir la sanction des histoires anciennes et modernes. En effet, après que la dictature de Sylla, suivie des consulats nombreux de César, eût façonné les Romains à la servitude, on les vit courir d'eux-mêmes au-devant des fers qu'Auguste leur préparoit. L'Angleterre nous a fourni le même exemple : lorsqu'après avoir fait de vains efforts pour se donner un gouvernement démocratique, la nation anglaise eut été forcée de souscrire au protectorat de Cromwell, la puissance absolue de cet usurpateur disposa tellement les esprits à l'esclavage, que, tout de suite après sa mort, les Anglais se soumirent sans résistance à l'autorité de Charles II. Ce prince n'eut qu'à se présenter, on lui rendit la couronne de son père.

Mais comme il ne faut pas s'arrêter à la superficie des évènemens, approfondissons ceux dont il question, voyons si l'on peut établir quelques rapports entre le règne sanglant de Robespierre, et le despotisme exercé dans Rome par les deux personnages fameux qui portèrent les derniers coups à la liberté déja chancelante du peuple romain.

Lorsque ces deux tyrans avouèrent l'intention

de substituer leurs volontés aux loix de la république, les victoires importantes qu'ils venoient de remporter faisoient réjaillir tant d'éclat sur leur personne, qu'ils inspiroient déja cette crainte respectueuse si nécessaire à l'établissement de leur tyrannie. Entourés d'ailleurs d'une armée triomphante dont les soldats leur étoient uniquement dévoués, ils ne pouvoient ni prévoir ni rencontrer aucune résistance. Ainsi tout-à-fait indifférens sur l'impression que leur conduite devoit produire dans l'esprit du peuple, sur son assentiment comme sur son improbation, ils établirent leur autorité despotique sans se donner la peine de colorer leurs motifs par différens prétextes spécieux.

Cromwell en agit à-peu-près de la même manière. Lorsque, à la tête de l'armée qui venoit de triompher sous ses ordres, ce général osa dissoudre le long parlement, il affecta dans sa conduite une audace sans égale. Fort de l'appui que lui donnoient ses soldats, il ne daigna pas même consulter l'opinion publique qu'il avoit résolu de maîtriser à son gré. Contraints de garder le silence, d'approuver sa conduite, et d'applaudir au titre de protecteur qui lui fut donné, les Anglais se soumirent à son autorité despotique.

L'hypocrite Robespierre se servit-il des mêmes moyens pour affermir sur sa tête ce colosse d'autorité dont nous l'avons vu faire un si barbare usage? Personne n'ignore que ces moyens n'étoient pas en sa disposition. Sans aucun autre titre à la confiance du peuple, que celui d'avoir parlé le premier contre la royauté dans l'assemblée constituante, il sut profiter de ce mérite pour séduire, pour tromper la populace, et pour la faire servir à l'exécution de ses lâches desseins. Celle-ci gagnée par les flatteries continuelles de ce scélérat, consentit à se laisser mettre un bandeau sur les yeux. Ce fut alors que Robespierre se croyant tout permis, se permit tout. Dans l'exercice de sa toute-puissance, il se garda bien néanmoins d'affecter du mépris pour l'opinion de la multitude. Convaincu qu'il n'étoit rien que par elle, il eut soin de la traiter avec le plus grand respect, et par cette marche astucieuse, il réussit à l'égarer toujours davantage. A l'entendre, ses actions n'avoient pour but que l'intérêt de la masse entière du peuple; c'étoit pour la délivrer de ses ennemis, pour punir les complots tramés incessamment contr'elle, qu'il ensanglantoit le sol de la France entière.

Cette comparaison présente une différence bien sensible. Elle fait voir d'un côté la tyrannie organisée dans toutes ses formes, la tyrannie soutenue par une forte armée toujours là présente pour en imposer à la multitude, et de l'autre un abus atroce de confiance de la part d'un favori de la multitude, de la part d'un homme qui ne parvint à la tromper, à s'en faire un rempart long-tems impénétrable, que par des protestations continuelles d'un patriotisme à l'épreuve, d'un amour pour la liberté, plus fort en lui que toute considération particulière, par des formes de justice enfin dont il environna ses plus abominables forfaits, et dont les seules classes proscrites reconnurent alors l'infernale perversité. Ce fut ainsi que dans les commencemens de la république romaine, Appius-Claudius, l'un des décemvirs choisis par le sénat et par le peuple, pour travailler à un code de loix, fit un lâche abus de la confiance et de l'autorité qu'on lui avoit accordée. Ses volontés tyranniques furent les seuls principes de conduite qu'il voulut reconnoître. La fameuse histoire de Virginie nous prouve qu'il avoit soin de pallier aussi ses attentats, en les environnant des formes de la justice.

Elle est bien simple la conséquence qu'il faut tirer de ces rapprochemens et de ces différences. Si la double tyrannie de Sylla et de César, si le despotisme de Cromwell avilirent les Romains et les Anglais, en leur faisant comprendre qu'ils n'étoient comptés pour rien par leurs oppresseurs, les disposèrent à l'obéissance, en éteignant en eux le sentiment de leur propre force, effacerent les impressions qu'avoient pu laisser dans leur esprit l'amour de la liberté, les accoutumèrent enfin à l'esclavage; les basses flatteries par le moyen desquelles Robespierre et ses agens ont usurpé parmi nous la confiance de la multitude, n'ont fait qu'exagérer en elle les idées, déja développées par la révolution, de sa force et de sa souveraineté; l'ont rendue par conséquent bien moins propre encore à se soumettre volontairement au joug méprisé d'un monarque.

Sachons donc méditer, approfondir les exemples que l'histoire nous présente. Lorsque nous rapprochons des évènemens séparés par des siècles, ne prononçons sur la parité des conséquences, que lorsque nous nous serons convaincus de l'analogie qui existe entre ces évènemens. C'est ainsi que, par l'affinité qui se trouve entre la tyrannie passagère des décemvirs à Rome, et celle des membres du comité de salut public en France, on peut porter un jugement uniforme sur leurs effets. Il nous est donc permis de dire que si les Romains, après avoir vengé l'insulte faite alors à leur liberté, prirent un plus noble essor, acquirent une plus grande énergie, méritèrent l'admiration, l'empire de l'univers; les Français, après avoir arraché des mains criminelles de Robespierre le dépôt de leur liberté, vont devenir jaloux de le conserver eux-mêmes, et sauront le faire respecter en tous lieux.

Mais quand il seroit vrai que le peuple français, avili par ses derniers oppresseurs, pût être capable de consentir à la honte que quelques hommes voudroient voir rejaillir sur lui, pourra-t-il se dévouer de lui-même à l'infamie? rendra-t-il un nouvel hommage à l'idole qu'il a renversée, sans être contraint de le faire par l'ascendant impérieux d'un homme tout-puissant? Auguste força le peuple romain à lui remettre l'autorité souveraine; mais la bataille d'Actium venoit de le rendre maître de toutes les forces de la république. Le général Monk contraignit les Anglais à rétablir Charles II sur le trône de son père; mais la mort de Cromwell, l'incapacité de Richard son fils, venoient de décider l'armée de l'usurpateur à se réunir aux huit mille vétérans que ce général avoit amenés d'Ecosse.

Parmi nous, quel seroit l'homme assez téméraire pour méditer une entreprise de ce genre? De quels moyens se serviroit-il pour intimider la nation, pour la forcer de souscrire à ses desseins? Qu'on le suppose, si l'on veut, capable de séduire quelques-unes de nos armées; parviendroit-il à les corrompre toutes? Le nombre immense des défenseurs de la république, nous est un sûr garant qu'ils ne seront jamais d'intelligence, du moment qu'on voudra les faire servir à une cause différente de celle pour laquelle ils combattent. Or, la seule idée des conséquences de leur désunion fait frémir.

Aveugles, imprudens zélateurs de la royauté, cessez donc de vous nourrir d'espérances trompeuses. Quelques murmures que vous entendez autour de vous, semblent faits pour encourager votre espoir, mais ces murmures ne sont que passagers, comme la disette qui les fait naître. Si quelqu'un de vous osoit travailler ouvertement à l'exécution de vos projets insensés, vous verriez des quatre coins et du centre de la France, s'élever des hommes bouillans qui, dirigés par le sentiment de leur dignité qu'ils ont recouvrée, se ligueroient entr'eux pour maintenir leur indépendance. Ils serviroient de chefs aux enthousiastes nombreux de la liberté; leur masse qui s'augmenteroit sans cesse, écraseroit d'un seul effort les foibles obstacles que vous pourriez opposer à son passage. Alors malheur à vous!

vos gémissemens recommenceroient, vos pleurs couleroient encore. Réunissez-vous donc avec tous les citoyens estimables, avec tous les amis de la France, autour du centre unique sur lequel nos regards doivent être continuellement fixés. Serrons-nous tous autour de la Convention nationale, assurons-lui le repos dont elle a besoin, pour travailler au rétablissement de l'ordre et de la félicité publique.

Et vous qui ne sauriez vous tromper sans nous perdre, Législateurs, redoublez d'efforts et d'attention. L'ouvrage que vous avez à faire n'est plus un problême. Les évènemens vous ont tout expliqué. Ils vous ont fait ouvrir les yeux sur les conceptions de ces patriotes prétendus, de ces politiques hypocrites, qui s'étoient fait un plaisir d'organiser parmi nous l'insurrection. Vous avez appris combien les excès du peuple sont contraires à son propre intérêt, combien il est nécessaire de les réprimer, et plus encore de les prévenir ; vous avez reconnu l'importance de vous attacher la classe des gens éclairés, et d'encourager les services que la liberté peut et doit en attendre. Ces utiles notions deviendront la source d'autant de loix indispensables. Les principes de justice qui font aujourd'hui la base de votre conduite, font croire aux amis de la patrie que vous remplirez leur attente. Mettez le comble à votre gloire, en leur prouvant qu'ils ne se sont pas trompés. Vous avez sauvé la république; faites plus encore, affermissez-en la durée, et provoquez l'application de ces paroles remarquables de Machiavel. « Quelle altre [Repu» bliche] che se le non hanno l'ordine perfetto, » hanno preso il principio buono, ed atto a » diventare migliori, possono, per la occorrenza » delli accidenti, diventare perfette ».

« Les circonstances peuvent procurer une or» ganisation parfaite aux républiques dans les» quelles la perfection de l'ordre ne prévaut pas » encore, si le principe qui les dirige, bon par » sa nature, est susceptible de devenir meil» leur ».

www.ingramcontent.com/pod-product-compliance
Lightning Source LLC
LaVergne TN
LVHW050456160826
845677LV00003B/809

9782329668567